Bibliografische Information der Deutschen Nationalbibliothek:

Die Deutsche Bibliothek verzeichnet diese Publikation in der Deutschen National-
bibliografie; detaillierte bibliografische Daten sind im Internet über http://dnb.d-
nb.de/ abrufbar.

Impressum:

Copyright © 2012 GRIN Verlag, Open Publishing GmbH
Druck und Bindung: Books on Demand GmbH, Norderstedt Germany
ISBN: 9783668322622

Christian Hundertmark

Lügen als legitimes Mittel in der Politik. Die Affäre um Christian Wulff

GRIN Verlag

Georg August Universität Göttingen
Seminar für Politikwissenschaft
Seminar: Politische Theorien des 20. und 21. Jahrhunderts
Schriftliche Hausarbeit
WS 2011/2012

Lügen als legitimes Mittel in der Politik am Beispiel von Christian Wulff

Christian Hundertmark
3. Semester

Inhaltsverzeichnis

1.Einleitung

In der nachfolgenden Arbeit soll es um die Lüge in der Politik gehen. Dieser Problematik möchte ich mich am Beispiel von der Affäre um Christian Wulff nähern. Obwohl sich mittlerweile die Wogen um Christian Wulff geglättet haben, da dieser als Bundespräsident von Deutschland zurück getreten ist, kann man das Feld der Lügen in der Politik sehr gut besprechen.

Wulff hat sich im Verlauf seiner „Affäre", die mit einem Anruf bei der Bild Zeitung begann, indem er um einer Verhinderung der Berichtserstattung bittet, immer mehr in Lügen verstrickt. Denn im Verlauf der Affäre kamen immer mehr Unregelmäßigkeiten über Wulff auf. Er war bzw. ist unter anderem in viele Sachen verwickelt. Zum einen sind seine Kontakte zum ehemaligen Cemag Chef fraglich, aber auch in Bezug auf seinen Hauskredit wurden Fragen nicht wahrheitsgemäß beantwortet. Auch im „Nord-Süd Dialog" sind Ungereimtheiten aufgetreten, in denen Wulff teilweise als Lügner bezeichnet wurde. Doch die Frage die sich stellt ist, ob Lügen in der Politik unumgänglich sind und ob eine funktionierende Politik ohne Lügen oder zumindest ohne kleine Notlügen überhaupt funktionieren kann. Wenn man einmal auf unser Alltagsleben schaut, wird eigentlich schnell klar, dass auch Lügen nicht weg zudenken sind in unserem Alltagsgeschehen. Denn wenn wir zum Beispiel auf das Feld der Notlügen gucken, sieht man,dass diese in allen Schichten benutzt werden.   Weiterhin werden Notlügen sowohl im privaten, als auch im beruflichen Bereich benutzt. Ein   typisches Beispiel von dem ich mich als angehender Lehrer nicht losreißen kann, ist eine typische Situation im Klassenzimmer:

Die Tafel wurde mit Kreide beschmiert, daraufhin fragt die Lehrkraft die Schüler, wer dies gemacht hat. Obwohl es meistens ein Schüler aus der Klasse war, meldet sich natürlich keiner und die Wahrheit kommt erst nach und nach ans Licht. Doch so ist es in vielen Situationen im Leben und warum sollte es in der Politik anders sein. Die Frage wirft sich auf, ob Politik zum Gelingen auch Lügen braucht? Aber vielleicht ist es auch möglich immer die Wahrheit zu sagen. Doch Lügen in der Politik fangen schon am Anfang jeder politischen Karriere an, nämlich bei der Wahl. Viele Politiker versprechen den Wählern Änderungen, von denen sie eigentlich schon im Voraus wissen, dass sie diese nie einhalten können, selbst wenn sie dies wollten.

Daher möchte ich in der folgenden Analyse theoretische Grundlagen zu der Lüge in der Politik aufzeigen und diese anhand von praktischen Beispielen aus der Wulff

„Affäre" verdeutlichen. Abschließend wird es eine kurze Zusammenfassung geben, in der die wichtigsten Kernpunkte aufgegriffen und zu einem Fazit zusammengefasst werden.

2.Die politische Lüge

Im nachfolgenden Abschnitt soll es um die Frage gehen ob Lügen in der Politik nötig und unvermeidbar sind. Auch die Grundlagen des Lügen sollen hier angesprochen werden.

Hansgeorg Mühe geht davon aus, dass Regierende sich und das Volk schon immer belogen haben oder der Versuch dazu da gewesen ist. Er geht weiterhin davon aus, dass wir uns auch momentan in einem Geflecht von Lügen durch Regierende befinden, welches in den vergangenen Jahren immer dichter geworden ist. Zudem weist er daraufhin, dass Unwahrheiten sich durch ständige Wiederholungen in den Köpfen der Menschen einprägen und zu „Wahrheiten" werden könnten. Fortführend ist es für ihn erschreckend, dass wir gar nicht mehr empört sind über kleinere Lügen, die Politiker verstreuen, um einen Wahlsieg zu erreichen. Des Weiteren unterscheidet er vier Formen des Lügen, von denen für die Lüge in der Politik aber meiner Meinung nach hauptsächlich zwei entscheidend sind. Zum einen ist es die Unwahrheit in geschriebenen, zum anderen in gesprochenen Worten.

Interessant ist auch der Vergleich zwischen einem Politiker und einem Schauspieler[1], den ich gerade im Fall Wulff sehr zutreffend finde. Hiermit knüpft Mühe auch an eine Aussage von Bully Herbig an, der die ganze Affäre um Christian Wulff als eine Art Comedy sieht. Dieser Ansicht würde ich mich durchaus anschließen. Denn Wulff wäre meiner Ansicht nach auch deutlich besser gefahren, wenn er gleich zu Anfang der Affäre bzw. insbesondere nach dem Anruf beim Bild Chefredakteur Kai Diekmann die „Karten" auf den Tisch gelegt hätte. Stattdessen hat er sich immer weiter in Lügen verwickelt und es kamen immer mehr Skandale ans Licht. Ich gehe davon aus, dass die Bundesbürger ihm diesen Fehler verziehen hätten, wenn er sich von Anfang an dazu bekannt hätte. Zumindest beim eigentlichen Anruf bei der Bild Zeitung kann davon ausgegangen werden, dass sich Wulff im Nachhinein sehr wohl bewusst geworden ist, dass der Anruf falsch war. Doch man muss sich fragen, warum er dort angerufen hat. Glaubte er vielleicht, dass die Bild Zeitung diesen Anruf geheim halten

---

[1]Vgl. Hansgeorg Mühe: Lügen als- legitimes- Mittel der Politik. Münster 2010, S.5ff.

würde? Doch ihm muss bewusst gewesen sein, dass er mit dem Versuch, die Berichterstattung aufzuschieben, gegen die Pressefreiheit verstößt. Da er Rechtsanwalt war, kann man sehr wohl davon ausgehen, dass er dies wusste. Vielleicht war es einfach nur egozentrisches Verhalten von ihm. Doch dies möchte ich an dieser Stelle nicht weiter vertiefen. Ich möchte nun auf die verschiedenen Formen von Lügen eingehen, welche Mühe entworfen hat:

- „Lügen mit einem kleinen Wahrheitskern"
- „Lügen, um unmittelbare, kurzfristige Ziele zu erreichen
- „Lügen, um langfristige Ziele zu erreichen- Diffamierung eines Gegners/ Aufbau eines Feindbildes/Errichtung eines Mythos um die eigene Unfehlbarkeit"
- „Lügen, um eine Verbindung zur Tradition ,um eine - nicht vorhandene – kulturelle Bindung, an ethische Werte zu demonstrieren"
- „Lügen, mit denen versucht wird, die Vernichtung kultureller Werte, die als Symbole des

besiegten Feindes gewertet werden könnten, zu rechtfertigen"[2]

Anhand dieser Kriterien würde ich den Großteil von Wulffs Unwahrheiten einerseits als Lügen mit einem gewissen Wahrheitsteil sehen, aber andererseits gehe ich davon aus, dass Wulff sich in Lügen verstrickt hat, um das Volk zu beruhigen und schnell über die Sache Gras wachsen zu lassen. Wenn ich nun einmal auf den Hauskredit schaue, den er bei einem Unternehmerpaar aufgenommen hat, fällt auf, dass er sich auch in diesem Umfeld immer wieder in Lügen verstrickte. Er behauptete, dass der Kredit von Edith Geerkens kam und nicht von ihrem Ehemann, doch dies wurde ihm sehr schnell widerlegt. Die Frage, die sich mir des Weiteren stellt ist, warum Wulff lügt. Sind es tatsächlich die Merkmale, die ich in meinen obigen Ausführungen als Gründe bezeichnet habe, oder ist es doch eine ganz andere Motivation. Wurden diese Lügen von Wulff als Schutzbehauptung genutzt oder steckt da mehr hinter? Vielleicht sogar ein System. Wollen wir als Wähler und Bundesbürger manchmal sogar belogen werden? Die Wahrheit ist für viele manchmal schwer verdaulich.

Wenn wir hingegen auf unser Alltagsleben schauen, fallen einem immer wieder Situationen ein, in denen wir gelogen haben, um uns selber zu schützen. Doch kann man das Verhalten eines normalen Bundesbürgers mit demjenigen vergleichen, der

---

[2]Ebd., S.9.

das höchste Amt der Bundesrepublik inne hat? Ich würde hierzu ein klares „Nein" abgeben. Offensichtlich ist, dass er innerhalb der Affäre menschliches Verhalten gezeigt hat, denn die wenigsten Menschen würden wahrscheinlich nicht ohne weiteres ihre Fehler zugeben. Sein Handeln wurde von der Öffentlichkeit als nicht angemessen angesehen. Doch man kann diesen Sachverhalt aus verschiedenen Perspektiven sehen, wobei meine Sichtweise nur eine Variante ist. Denn wenn er Ministergesetze u.a. missachtet, dann muss er auch dazu stehen. Die Frage, die sich auch stellt, ist wie man so noch Vertrauen in eine Regierung fassen kann. Die Affäre um den ehemaligen Bundespräsidenten hat natürlich auch einen Schatten auf die ganze Regierung geworfen.

3.Lüge oder taktischer Feldzug der Politik

Eberhard Schockenhoff bietet Lösungen zu der Problematik an, welche in der Politik als legitime Lügen angesehen werden können. Erst einmal geht er generell davon aus, dass ein Politiker nicht automatisch mit seinem Amt dazu verpflichtet ist, jedem alles zu erzählen. Er vergleicht die politische Situation mit der Situation im Alltagsleben, in der auch nur einer Person gegenüber alles erzählt wird, wenn der Gesprächspartner das Recht hat alles zu wissen. Und auch an die Wahrheit wird sich in dem Maße gehalten, wie das Gespräch bzw. das Verhältnis der Personen erfordert. Ähnliches gilt seiner Meinung nach auch in der Politik. Denn Politiker müssen nicht alles sagen, wenn dies die Situation rechtfertigt. Dieses Schweigen der Politiker wird legitimiert, wenn durch das Schweigen das Wohl der Gemeinheit aufrechterhalten wird. Des Weiteren setzt Schockenhoff eine Grenze, wo die Lüge anfängt, nämlich wenn Menschen die ihnen zustehenden Informationen nicht oder nicht vollständig bekommen und sich somit nicht unbeschränkt am Ablauf der Willensbildung in einer Demokratie einbinden können. Doch es bleibt das Problem, dass man nur sehr schwer unterscheiden kann, wo die Grenze zwischen legitimer und nicht legitimer Lüge ist.

Fortführend meint er, dass es bei Verhandlungen zwischen Regierungen und Parlamentsfraktionen immer wieder Momente gibt, bei denen Diskretion das wichtigste Merkmal für das Gelingen dieser Verhandlungen ist, da es sonst dazu kommen kann, dass

Sachen in der Öffentlichkeit „zerrissen" werden und es so nie eine Einigung geben kann. Aber auch die Informationszurückhaltung im Zusammenhang mit Verbrechen oder auch mit einem militärischen Widersacher sieht er als gerecht an.

Auch in Wahldisputen, in denen unter anderem die bis dahin regierenden Parteien ihre glorreichen Ergebnisse ihrer Politik bekannt geben, wobei natürlich die Misserfolge ausgeblendet werden, handelt es sich nicht um eine Art von einer moralisch anstößigen Lüge. Stattdessen entspricht dies den üblichen Vorschriften im Zusammenhang mit einem Wahlkampf. Auch Wahlversprechen, die vor den Wahlen in unseren Ohren erklingen und nach der Wahl nie so durchgesetzt werden können wie angekündigt, kann man nicht als Lüge der Politiker abstempeln, da jedem aufgeklärten Wähler klar sein sollte, dass nicht alle Wahlversprechen Wort wörtlich umgesetzt werden bzw. werden können. Einige Wahlversprechen werden von äußeren Faktoren beeinflusst, die im Vorfeld nicht absehbar sind. Daher darf nicht zwangsläufig von einer Lüge gesprochen werden. Doch beim Thema Parteifinanzierung sieht Eberhard Schockenhoff das komplett anders und fordert eine Offenlegung dem Wähler gegenüber, weil er davon ausgeht, dass Wahlentscheidungen nur unter Kenntnis aller Umstände,wie zum Beispiel der Parteifinanzierung, erfolgen sollten. Daher müssen der Demokratie entsprechend, Geldgeber und deren Beträge für die Parteien öffentlich zugänglich gemacht werden. Hiermit nähere ich mich wieder der „Wulff Problematik", doch dazu komme ich später und bleibe nun erst noch bei Schockenhoff. Dieser sagt ganz klar, dass ein Politiker die finanziellen Mittel, welche ihm zufließen, offen legen muss, denn nur so kann er das Vertrauen der Bürger fortführend auf sich ziehen und verstößt nicht gegen geltende Vorschriften, da er sich zu diesen Vorschriften durch einen Eid zu Amtsanfang bekannt hat. Gegen diesen verstößt ein Politiker, wenn er sich in Affären, wie z.B. schwarze Konten im Ausland oder wie Wulff in eine Affäre um seinen Hauskredit verwickelt . Zusätzlich müssen auch die Spender bereit sein nach außen zu treten, da man sonst den Verdacht schöpfen könnte, dass es sich bei diesen Förderungsmaßnahmen um illegale Machenschaften handelt.

Weiterhin sieht Eberhard Schockenhoff die Pflicht des Politkers zur Aussage der Wahrheit gerade in einem Plenum des Parlaments, aber auch bei einem Untersuchungsausschuss ist es die Pflicht von jedem Politiker wahrheitsgemäß zu antworten. Das taktische Verhalten im Wahlkampf oder als Abgeordneter ist hier nicht angebracht. Wer sich trotzdem dieser Wahrheitspflicht insbesondere vor einem Untersuchungsausschuss widersetzt, ist für zukünftiges politisches Agieren in seinem Amt nicht geeignet. Daher ist im Falle einer Falschaussage vor einem

Untersuchungsausschuss der Amtsabtritt die einzige Folge.

Doch kleinere Fehler unserer Politiker sollten wir, wenn sie für niemanden schadhaft sind, und vor ihrer Entdeckung durch unsere Medien von den jeweiligen Politiker genannt werden, auch mit Nachsicht sehen. Sehr interessant ist seine Ansicht darüber, dass nicht alles was über vergangene Vorfälle erzählt wird falsch ist und aus böser Absicht gesagt wurde. Denn er geht davon aus, dass es teilweise an normalen Gedächtnislücken der politischen Funktionäre liegt. Weiterhin sieht er das Problem, dass in unserem System schon aus einem kleinen Verdacht eine riesige Blase gemacht wird. Hieraus entwickelt sich ein handfester Skandal, weil der betreffende politische Funktionär vor verurteilt wird. Doch er wirft auch das Problem ein, dass Politiker versuchen sich selbst zu schützen und sie versuchen möglichst nichts zugeben zu müssen.

Zum Abschluss seiner Ausführungen sagt er noch, dass es in der momentanen Zeit das Problem gibt, dass laut der Öffentlichkeit die Lüge eines Politikers sofort zu Sanktionen führen muss. Hieraus legitimiert er das Verhalten der Funktionäre der Politik, denn er sieht keine Motivation des Politikers eine Schuld einzugestehen, wenn es in jedem Fall sanktioniert wird. Daher kann man dem Volk auch eine Schuld zuschreiben, die das Verhalten der Politiker legitimiert.[3]

4.Wulffs Verhalten - ein Verstoß gegen das Ministergesetz?

Erst einmal möchte ich mich an die Aussagen von Eberhard Schockenhoff anschließen und die Fragestellung zurückstellen. Denn wie gesagt geht er davon aus, dass jeder Politiker seine Gelder, die ihm zufließen offenlegen muss. Genau dies hat Wulff nur in einer Art „Salamitaktik" gemacht. Dies kann man sich verdeutlichen, wenn man sich seine Aussagen über die „Zentis Hotelübernachtung" ansieht. Wobei er versucht hat dieses zu verschleiern. Doch man muss auch, wenn man sich an Schockenhoff hält, der Öffentlichkeit eine Mitschuld an Wulffs Verhalten zuschreiben, da die Öffentlichkeit, wie in den obigen Ausführungen erwähnt, jede Aufdeckung einer Lüge eines Politikers mit Sanktionen belegt. Nach diesen kurzen Überlegungen möchte ich nun auf die eigentliche Problemstellung des Kapitels kommen. Denn ich habe bis jetzt davon gesprochen, dass Wulff in seiner ganzen Affäre alles nur in kleinen Stücken mitgeteilt und auch gelogen

---

[3]Eberhard Schockenhoff: Zur Lüge verdammt? Politik Justiz,Kunst,Medien,Medizin,Wissenschaft und die Ethik der Wahrheit.Freiburg 2005, S.322-328.

hat. Nun möchte ich erarbeiten, ob sein Verhalten (wie z.B. der Abschluss eines Privatkredits) wirklich falsch war, was ich ihm bis jetzt behauptet habe. Denn wenn es sich bei seinem Hauskredit um eine Privatsache handelt, wäre sein Verhalten meiner Meinung nach nicht legitim gewesen. Vielleicht war sein Verhalten ja nie falsch?

Ich setze also beim Privatkredit von Wulff an. Unausweichlich ist die Tatsache, dass er einen Kredit bei der Familie Geerkens aufgenommen hat. Dieser soll sich auf mindestens 20.000 Euro belaufen haben, wenn man an die Aussage von Hans Herbert von Arnim anknüpft. Doch die umstrittende Problematik ist, ob es sich hierbei um eine reine Privatsache von Wulff handelte. Zumindest wurde dies so von der Landesregierung und Christian Wulff behauptet. Doch ob es sich hierbei um die Wahrheit oder doch nur um Schutzbehauptungen handelt, bleibt fraglich. Zumal Herr Geerkens auf Auslandsreisen von Herrn Wulff mitgenommen wurde. Doch sollte der Kredit keine Privatsache gewesen sein, verstößt die Vorteilsannahme gegen gültiges Recht. Der Kredit kann auf jeden Fall als ein Vorteil angesehen werden, da er unter den abgeschlossenen Bedingungen nicht bei einer Bank zu kriegen gewesen wäre. Diese Vorteilsannahme ist mit einem Geschenk an Wulff gleichzusetzen. Da er zu dieser Zeit Minister war, ziehen die Stern Redakteure das Ministergesetz zu Rate, welches eindeutig nur eine Annahme von Geschenken bis 10 Euro erlaubt. Wenn man zusätzlich das Beamtengesetz zu Rate zieht, wird klar, dass Wulff mit diesem Kredit, solange er keine Privatsache war, eindeutig gegen das Ministergesetz verstoßen hat. Das Beamtengesetz ist in diesem Falle so hilfreich, weil es ein „Geschenk" genau definiert und zinsgünstige Darlehen mit in die Definition einbezieht und daraus eventuelle entstanden Vergünstigungen auch als „Geschenk" ansieht. Doch ob es sich um eine Privatsache oder eine Amtssache gehandelt hat, kann man an dieser Stelle nur vermuten. Wenn wir davon ausgehen, dass die Dienstreisen eine Art Gegenleistung für den Hauskredit waren, ist davon auszugehen, dass wir uns hier im Strafbereich befinden, da dann ein Verstoß gegen geltende Gesetze vorliegt. Zumindest geht Hans Herbert von Arnim davon aus, was er an seinem Rechtsgutachten legitimiert.

Auf die Vorkommnisse in seinem Urlaub im Jahre 2009 reagierte Wulff hingegen auf eine ganz andere Art und Weise und gab ein Fehlverhalten zu und verstrickte sich nicht in Ungereimtheiten und Lügen, denn damals wurde ihm und seiner Familie eine kostenlose Flugklassenerhöhung durch die Lufthansa ermöglicht. Den Fehler dieser Vorteilsannahme gab er hingegen zu und zahlte die 3.000 Euro zurück. Fraglich bleibt die Vorteilsannahme in Bezug auf die Einladung vom Zentis Konzern zu einem Ball in München, bei dem er auch die Übernachtung gesponsert bekam.

Nun möchte ich sein mögliches Fehlverhalten anhand des Nord-Süd-Dialogs analysieren.

Beim Nord-Süd-Dialog handelt es sich um eine Veranstaltung im Jahre 2009 bei der unter anderem Kochbücher für die Gäste auf Staatskosten verschenkt wurden. Das Landwirtschaftsministerium übernahm damals über 3.400 Euro. Auch bei dieser Veranstaltung hat Wulff indirekt über seinen Staatssekretär den Landtag angelogen, da dieser die Veranstaltung als eine private Veranstaltung ohne finanzielle Beteiligung des Landes deklariert hatte. Doch Wulff versicherte, dass er von allen Umstände nicht in Kenntnis gesetzt worden war. Auf jeden Fall können wir von einem Verstoß gegen die Landesverfassung ausgehen, da diese besagt, dass wenn Mitglieder des Landtages eine Anfrage gestellt haben z.B. eine Frage über den Nord-Süd Dialog, diese richtig und vollständig antworten müssen. Dies geschah 2010 im Landtag nicht.[4]

Zusammenfassend möchte ich zu diesem Kapitel sagen, dass die Anschuldigungen über nicht legitime Machenschaften sehr wohl begründet sind, aber auch, dass Wulff stellenweise die Wahrheit verschleiert hat, ist keineswegs weg zu reden. Solche Anschuldigungen sind begründet. Zumindest, wenn man der Argumentationen der Stern Redakteure folgt. Nachdem ich nun die Anschuldigungen gegenüber Wulff und seinen Lügen fundieren konnte, möchte ich auf einen weiteren Punkt eingehen.

5. Lügen als Mittel der Politik-ohne Folgen für den Lügner?

Hiermit möchte ich an die Ausführungen von John J. Mearsheimer anknüpfen. Er geht davon aus, dass Regierungen Lügen als Teil ihrer Regierungskunst ansehen und es auch nicht scheuen diese unter bestimmten Bedingungen einzusetzen. Doch Regierungen lügen nicht nur anderen Ländern gegenüber, sondern lügen auch das Volk an. Doch Lügen können auch fehlschlagen.[5] Wozu Lügen führen können, sieht man anhand der Affäre Wulff, denn dieser musste am Ende sein Amt ablegen, weil er als Bundespräsident nicht mehr glaubwürdig und vertretbar war. Die Frage, die sich

---

[4]Vgl. Lutz Kinkel, Rebecca Struck,Gloria Veeser: Christian Wulff und das Gesetz.Erschienen am 24 Januar 2012 auf: www.stern.de/politik/deutschland/krise-des-bundespraesidenten-christian-wulff-und-das-gesetz-1777717.html.

[5]Vgl. John J.Mearsheimer: Lüge! Vom Wert der Unwahrheit. Frankfurt am Main 2011, S.123f.

mir stellt ist, warum in der Politik überhaupt gelogen werden muss und die Kunst des Lügens sogar als Regierungskunst angesehen wird? Weiterhin stellt sich mir auch die Frage, wie wir erkennen, ob wir belogen werden oder nicht. Dies ist auch in der Affäre um Wulff eine schwierige Sache, da wir unter anderem nur eine medienseitige Auskunft über den Verlauf der Dinge haben und nicht genau über die Hintergründe Bescheid wissen. Erfahrungsgemäß versuchen Medien die Sache aufzuputschen oder ziehen Schlüsse, die letztendlich nicht legitimiert sind.

Daher ist es schwierig einen Lügner in der Politik zu überführen. Um in diesem Fall ein Beispiel zu finden und zu zeigen, dass Lügen auch in der Vergangenheit in der Politik verankert waren, möchte ich an die Ausführungen von Pascal Beucker und Anja Krüger anschließen, welche als Fallbeispiel Konrad Adenauer benennen. Dieser war, wie ein Göttinger Politikwissenschaftler feststellte, durchaus kein mustergültiger Demokrat. Er benutzte in seiner politischen Handlungsweise durchaus immer wieder eine Lüge. Unter anderem wurden Gremien der Partei angelogen und er bediente sich an Geld aus geheimen Kassen. Zusätzlich bezichtigte er auch SPD Politiker der Vorteilsannahme aus der DDR. Für diese Wahlkampflüge brachte er keinen Beweis und löste diese nach der Wahl einfach auf, indem er sie als einen Fehler betrachtete. Auch in der Amtszeit von Bundeskanzler Helmut Kohl lassen sich verbreitete Unwahrheiten von ihm entdecken. Denn nach der Wiedervereinigung sprach er davon, dass niemand durch die Selbige Einbußen haben wird, obwohl er sehr wohl gewusst haben muss, dass seine Darstellungen so nicht zutreffen würden. Doch er nutzte es um einen Vorteil seinem Wahlgegner gegenüber zu erringen. [6]

Ich gehe davon aus, dass in der Politik Lügen genutzt werden müssen und somit unvermeidbar sind. Das Problem, welches ich dabei sehe ist, in welchen Zusammenhang Lügen eingesetzt werden. Es ist meiner Ansicht nach ein deutlicher Unterschied, ob eine Lüge zum Schutz des Volkes oder um dieses nicht zu verunsichern benutzt wird, oder ob Lügen eingesetzt werden um ein Fehlverhalten zu vertuschen. Die letzte Variante ist durchaus nicht legitim. Denn gerade beim Bundespräsidenten, welcher das höchste Amt des Staates inne hat, müssen wir davon ausgehen können, dass dieser auch im Sinne des Volkes agiert und nicht im Sinne seiner eigenen Vorteile.

Wenn Lügen der Politiker immer wieder durch uns verurteilt werden, ist es doch erstaunlich, wie gut doch manche Politiker aus so einer Affäre heraus kommen,

---

[6] Vgl. Pascal Beucker, Anja Krüger: Die verlogene Politik. Macht um jeden Preis. München 2010, S.14ff.

obwohl natürlich einige Politiker aus ihrer Karrierelaufbahn heraus gedrängt werden. Doch manchem Lügner wird in der Politik durch das Volk verziehen und so gibt es für diese Politiker kaum Folgen aus deren Lügen.[7]

6.Folgen aus der Wulff Affäre

Nachdem die Anschuldigungen von Wulff immer lauter wurden, geriet Wulff immer mehr unter Druck. Da immer mehr Skandale in seiner Ministerzeit aufgedeckt wurden, ermittelte auch die Staatsanwaltschaft gegen ihn und stellte einen Antrag auf Aufhebung der Immunität. Die endgültige Entscheidung lag beim Bundestag, ob gegenüber Wulff strafrechtlich vorgegangen werden durfte. Nach der Veröffentlichung dieser Ermittlungen der Staatsanwaltschaft wurde der Druck für Wulff so stark, dass er zurücktrat. Auch Wulff bekam wie seine Vorgänger einen Zapfenstreich, bei dem er sich die Lieder wünschen durfte. Diese ehrenvolle Verabschiedung wurde von vielen Seiten verurteilt. Was aus meiner bürgerlichen Sicht als Wähler klar ist, denn wieso sollte ein Politiker, der mit seinem Handeln gegen geltendes Recht verstoßen hat, insbesondere gegen seinen Amtseid, belohnt werden? Wenn man sich ein Beispiel aus dem Leben nimmt,wird klar, wo die Ungerechtigkeit liegt. Denn wenn ein unterrichtender Beamter sich z.B. einen Urlaub bezahlen lassen würde,damit er einem Kind eine gute Note gibt, würde dieser dafür schwer verurteilt werden und dieser Beamte hätte im Gegensatz zu Christian Wulff einen sang- und klanglosen Untergang vor sich.Doch Christian Wulff bekam nicht nur einen Zapfenstreich zum Amtsabtritt, sondern auch einen Dienstwagen, ein Büro, sowie Personenschutz steht ihm zu. Auch ein großzügiger Ehrensold ist für ihn vorgesehen, welchen er auch nicht ablehnt. Doch die Frage die sich mir stellt ist, ob es nicht moralisch verwerflich ist, nach so einem Fehltritt im Amt einen Ehrensold und andere Maßnahmen zu erhalten. Denn letztendlich war sein Amtsabtritt ja somit keine Bestrafung für seine Vergehen. Doch hierbei muss meiner Meinung nach auch auf die politische Seite geguckt werden. Denn Wulff hat in seiner Amtszeit auch viele gute Taten für unser Land vollbracht, was wir nicht außer Acht lassen dürfen.Weiterhin ist es sehr wohl eine Strafe für einen „Vollblutpolitiker" wie Wulff es ist, sein Amt nicht mehr ausüben zu dürfen. Ferner muss beachtet werden, dass ein Politiker während seiner Amtszeit Arbeitstage mit 12 Stunden und mehr zu

---

[7]Vgl. ebd., S.18f.

bewältigen hat, was er für das Wohl des Volkes tut. Wenn man also dieses von Wulffs Seite aus sieht, ist der Ehrensold und Zapfenstreich etc. sehr wohl durchaus gerechtfertigt. Doch für Wulff wäre es deutlich besser gewesen, wenn er gleich zu Anfang der Ungereimtheiten mit offenen Karten gespielt hätte. Ihm als Rechtsanwalt hätte klar sein müssen, dass er sich auf sehr dünnen Eis bewegt und, dass alles irgendwann herauskommt und seine Machenschaften zu diesem Ende führen würden. Doch Wulff ist sicherlich nicht der erste und auch nicht der letzte Politiker gewesen, der sich in Lügen verwickeln .

7. Zusammenfassung und Fazit

Nachdem ich nun die Lügen in der Politik am Beispiel von der Affäre von Christian Wulff, anhand von mehreren Blickwinkeln analysiert habe und auch Lügen als ein Mittel der Politik ausfindig machen konnte, habe ich einen ganz anderen Blickwinkel auf politische Lügen bekommen. Wobei diese Arbeit Lügen in der Politik nicht legitimieren, sondern zeigen sollte, warum in der Politik gelogen wird und weshalb eine Lüge stellenweise selbst in der Politik nötig und unvermeidbar ist. Zusammenfassend ist zu sagen, dass Lügen schon immer zum „Inventar" der Politik gehörten. Doch wie man in der Analyse sehen konnte, gibt es ganz verschiedene Lügen in der Politik mit unterschiedlichen Zielen. Anhand des erarbeiteten Kriterienkatalogs konnte man Wulffs Unwahrheiten als Lügen mit einem gewissen Wahrheitsgrad einordnen. Weiterhin habe ich erarbeitet, dass Lügen stellenweise nötig sind um Verhandlungen innerhalb der Regierung abschließen zu können, aber gerade bei Stellungsnahmen gegenüber Ausschüssen durch die Politikervermieden werden müssen. Fortführend konnte ich sehen, dass manche scheinbare Lügen von Politikern natürlich Gründe wie Gedächtnislücken haben können und daher als nicht vorsätzlich angesehen werden sollten. In einem nächsten Schritt bin auf die gesetzliche Legitimierung von Wulffs Verhalten eingegangen,wobei ich versucht habe zu klären, ob es sich bei den Anschuldigungen gegenüber Wulff ausschließlich um Privatsachen gehandelt hat und so Anschuldigungen Wulff gegenüber nicht haltbar gewesen wären. Doch nach Abgleich mit den geltenden Gesetzen bin ich zu dem Entschluss gekommen, dass Wulff sich sehr wohl der Vorteilsannahme schuldig gemacht hat und daher war seine Verschleierungstaktik zwar menschlich, aber für einen Politiker nicht legitim. Im vorletzten Teil meiner Ausführungen bin einerseits noch einmal auf die scheinbare Notwendigkeit der Lüge in der Politik eingegangen, wobei ich dies unter anderem am Beispiel von Konrad Adenauer fundiert habe. Des Weiteren ging es in den Kapitel um das Scheitern einer Lüge, aber auch darum, dass Lügen nicht unbedingt folgenlos bleiben, was der Fall Wulff exzellent widerspiegelt. Abschließend habe ich die Folgen für Christian Wulff analysiert, der aufgrund seiner Affäre wie z.B. der Hauskredit und die immer tiefere Verstrickung in Lügen, zurücktreten musste. Der vielseitig kritisierte Ehrensold, der Zapfenstreich und weitere Annehmlichkeiten, welche Wulff nach seinem Rücktritt erhielt, habe ich versucht aus zwei Blickwinkeln zu sehen.

Insgesamt kann man also sagen, dass Wulff sehr wohl mit seinem Verhalten gegen geltende Gesetze verstoßen hat. Doch er ist nicht der Einzige, der in der Politik lügt, denn lügen kann als ein Teil der Regierungskunst angesehen werden. Allerdings sollte man sich bei der Betrachtung der Affäre auch unser tägliches Verhalten vor Auge führen. Denn in unserem Alltag sind Lügen nicht wegzudenken und ich gehe davon aus, dass jeder sich selber durch Schutzbehauptungen in ähnlichen Situationen schützen würde um seine Arbeit etc. behalten zu dürfen. Doch eine Frage bleibt: Werden an einen Politiker andere Maßstäbe gelegt, als an einen normalen Bürger?

Literaturverzeichnis

Hansgeorg Mühe: Lügen als- legitimes- Mittel der Politik.Münster 2010.

Eberhard Schockenhoff: Zur Lüge verdammt?
Politik,Justiz,Kunst,Medien,Medizin,Wissenschaft und die Ethik der
Wahrheit.Freiburg 2005

Lutz Kinkel, Rebecca Struck,Gloria Veeser: Christian Wulff und das Gesetz.
Erschienen am 24 Januar 2012 auf: www.stern.de/politik/deutschland/krise-
des-bundespraesidenten-christian-wulff-und-das-gesetz-1777717.html.

John J. Mearsheimer: Lüge! Vom Wert der Unwahrheit. Frankfurt am Main
2011.

Pascal Beucker,Anja Krüger: Die verlogene Politik.Macht um jeden
Preis.München
2010.